Poésies d'un temps...

...par tous les temps

Quelques larmes…
Marche de la Paix de Thich Nhat Hanh

Tandis que je marche en silence,
Doucement, au milieu de la circulation,
Au milieu des piétons qui se hâtent,
Dans la fièvre à la consommation
D'objets, même de musées, êtres sans tête.

Au milieu des embouteillages des voitures
Que les klaxons tentent en vain de dissoudre,
Et du vrombissement des moteurs qui démarrent,

Je sens cette souffrance qui, dans le silence de la peur
Etreint tant de milliers de japonais – même l'empereur !
Et tous ces peuples dont, dans le secret de mon cœur,
J'entends les larmes sèches s'épandre devant tant d'horreurs.

Je sens en moi cette meurtrissure de l'inquiétude de l'absence
De l'être cher, du mari, de l'ami et, comme à jamais perdue, cette enfance
Et, aussi, vivants au creux de mon âme, mes ascendants ou ma descendance.
Ma marche me conduit vers la Paix qui me tient dans cette fragile confiance

Que l'Energie de Vie, l'Amour, a les ressources
Pour redonner à tous et à chacun, l'espérance,
Pour faire renaitre le corps de l'Humanité tout entière,
Pour guérir les plaies et les blessures de toute la terre,
Pour redonner aux hommes, femmes, enfants, la sécurité.

Les larmes que je pleure ne sont pas de tristesse,
Ni non plus d'épuisement, par une sorte de paresse.
Ce sont des larmes de compassion pour cette partie de mon corps
Qui expérimente tant de souffrance dans ce combat corps à corps
Avec l'eau des mers et le vent des airs,
Avec le froid polaire et le feu du nucléaire ;

Et à laquelle j'offre
Toute l'énergie de mon âme,
Tout l'amour de mon être,
Toute la paix de mon corps,
Et la douceur de mes pas
Et la saveur de mes larmes.

le dimanche 20 mars 2011

Pendant combien de temps...?

Pendant combien de temps
L'homme de l'Occident
Pourra pratiquer l'oubli ?

Que lui faudra-t-il
Pour se rappeler
L'histoire, la géographie,..
Et retrouver l'Homme ?

La terre est trop petite,
La vie est trop courte,
Les destins trop fragiles,

Pour qu'on ne marche l'un vers l'autre
Qu'à grand fracas de pieds bottés ;
Pour qu'on ne tende plus la main
Qu'aux moignons des enfants bombardés.

La beauté nait du partage,
L'amour est universel,
Les Dieux sont uniques.

L'Inde de Calcutta est-elle si vaste ?
Le sida de l'Afrique est-il si désespéré ?
Les favelas de Rio sont-elles si nombreuses ?

La force naît de l'action.
La richesse est fruit du risque.
La passion, de l'engagement.

le dimanche 20 mars 2011,

Confiance

Quand tu pleures, que tu perds et que tu crois que la vie t'oublie ;
Quand tu tombes, que tes rêves s'effondrent et que le sens s'efface ;
Quand tu désespères, que cesse l'espérance et que l'amour meurt ;

Regarde par la fenêtre, au dessus des nuages, le soleil qui brille
Regarde par la porte, au delà des faubourgs, les hommes qui se battent.
Regarde par ton âme, ton histoire qui se construit.

Chaque pas est un pas en avant
Chaque souffrance est mère de progrès.
Chaque mystère est secret de ton destin.

Aie confiance :
Le bonheur d'hier,
La peine d'aujourd'hui,
Le sourire de demain,
Tour à tour, te construisent.

le mardi 22 mars 2011

Union

Tu voudrais être tout en elle,
Et elle tout en toi ;
Tu la pénètres au plus profond,
Elle s'enfonce au creux de toi ;
L'entrelacs de vos jambes,
Et l'entrelacs de vos langues
Sont impuissants à vous fondre.
Tu te laisses tomber dans le fond de ses yeux.
Tandis qu'elle te cherche dans l'or de tes iris,
Tu voudrais t'unir à elle pour toujours
Et la sentir tout à toi par amour.
Tout doucement, tout lentement,
Tu la remplis toute entière.
Ses sources intérieures te conduisent.
Mais elle te caresse et ton jaillissement
Se mêle à ses eaux dans une fulgurance
Hélas trop passagère.
Et toi qui rêvais d'union éternelle, tu t'endors,
Dans le creux de ses bras, rejeté déjà sur ses rivages ;
Ami encore, mais déjà plus amant.

le mardi 22 mars 2011

Illumination

Laisse glisser tes larmes,
Laisse tomber la matière,
Baigné dans la lumière,
Tout entier dans l'Om.

Renonce à cet amour de ta souffrance !
Tu es né de la source !
On le voit sur ta face !
Tu es bien plus que ton corps et son espace !

Ta marche est longue et peu assurée.
Ton esprit inquiet, rien ne l'apaise.

Ni les combinaisons
Ni les réflexions
Ni même les décisions

Ton corps pantomime
Te prend tout entier.
Ton pied est trop léger,
Et l'âme, seule, se mine,

De rouge s'habille,
Et le jaune s'annihile.

Nul parfum,
Nul humain,
Même divin.

Pour le faire revenir,
Plonger dans le silence doux.
Et d'un buisson vert de houx,
Se servir, pour le retenir.

Juste cette intimité !
N'être rien d'autre que le souffle !
Ne vouloir rien qui souffre !
Nulle timidité !

Même au front,
le rouge ne sied !
A qui cherche la vérité
Nul affront !

Accepter une vie d'aumône,
Se tenir dans cette paix du Jaune.
Sans peur de son immensité,
Ni de son vide apparenté

A la mort immonde et froide,
Quand il ne dit que méditation,
Quand il ne porte que résurrection,
De tout l'être même roide.

le dimanche 27 mars 2011

Soleil

Le soleil t'enveloppe
La lumière chaude
En haut t'emporte
Parfume ta tête
Et t'enracine ici
Fleur d'éternité

le dimanche 27 mars 2011

Révolution

Il est des temps où le peuple se lève
Pas seulement ici
Mais aussi là-bas
Et encore là
Et même plus loin encore
Comme si tout à coup Dieu avait rappelé à chacun
Qu'il ne pouvait pas juste faire semblant de vivre
En oubliant sa rage, en ravaudant sa pensée
En bradant sa liberté et ravalant ses humiliations
Comme si soudainement une force intérieure longtemps tue
rappelait à l'Homme son destin d'Homme
Son exigence d'Homme debout affrontant ses peurs
Et que cela seul suffit à faire fuir ces fantômes tyranniques
Que trop longtemps par lâcheté, lassitude, distraction, paresse,....
Tous se croyaient installés pour toujours, inexpugnables, indétrônables, indestructibles
Comme si soudainement la geste d'un seul suffisait à rappeler à tous que cette force aussi est en chacun
Et chacun, individuellement, confronté à l'impératif de sa vrai beauté, avait décidé de se battre pour la res-
taurer
Et que tous, collectivement, confrontés à l'impéritie des tyrans, avaient choisi de construire ce vivre en-
semble,
Qui faisait battre leur cœur secrètement, vaguement douloureusement, plus ou moins inconsciemment
Et que la conscience de cette nécessité, devenue impérieuse, de se lever, d'affronter le péril et la mort
Ait fait grandir l'idéal qu'ils taisaient pour le faire éclore à la face étonnée du monde
Et que de cette efflorescence soudaine, naissent non pas seulement des milliers de fleurs de toutes les cou-
leurs et tous les parfums,
Mais des milliers d'arbres centenaires, enracinés au cœur de la terre, nourris de son énergie solaire
D'une force vitale évidente, aveuglante, étonnante, miraculeuse
Il ne s'agit plus d'espoirs clandestins, de vagues complots, ni de tentatives verbeuses
Il s agit de la VIE qui s'impose dans sa puissance originelle, dans sa grandeur primitive, dans la Gloire de
son Créateur
Et qui replace, naturellement, l'Homme devant la Création
Contemplant l'univers :
Nouvel Adam,
Nouvelle Eve.

le lundi 04 avril 2011

Chacun est seul finalement

Il y a une étendue
Grande comme un point
Une graine de sésame
Celle qui ouvre la porte des espoirs.

Elle est étendue
Longue comme un trait
Un trait d'union du six
Celui qui relie des maux.

Il est détendu
Large comme un pet
Un pet sur une toile cirée
Qui asphyxie des aspirations.

Il est détendu
Léger comme un ressort
D'un matelas trop las
Pour continuer à se battre.

On ne meurt pas pour une mode
Ni pour un travail
Ni pour un poste
Ni pour rien d'ailleurs
On se meurt juste à petit feu
Sans faire de bruit
Sans inquiéter
Sans mot(mau) dire.

On pète un plomb
On se fait sauter (la cervelle)
Un autre plomb saute
Peines perdues pas pour tout le monde.

Toute lumière est bonne à prendre
Tout feu tout flamme
Descente en flamme
Septembre est noir pourtant
Depuis déjà longtemps.

Télescopage
Télévisuel
Trop de com
Ou pas assez
Trépassés :
Vint-six !
À la ligne tout ne mord pas
D'autres n'en démordent pas.

Chacun est seul au seul au firmament.

le lundi 04 avril 2011

Et la terre ?

Et la terre maman,
Quand finit-elle ?
Et la mer maman
Quand commence-t-elle ?
Et le ciel papa
Jusqu'où va-t-il?
Et le soleil papa
Où se couche-t-il ?

Devant l'infini
Il y en a tant de ces petites questions
Toutes riquiquis si ridicules
Enfin pas tout à fait
Si riquiquis, ni si ridicules

Devant la Création
Il y en tant de créatures petites
Toutes riquiquis si ridicules
Enfin pas tout a fait
Si riquiquis, ni si ridicules

Laisse toi porter par ton âme
Laisse toi emporter loin tout au loin
C'est la meilleure façon de comprendre l'infini
C'est la seule façon de saisir l'infini
Accepter de se laisser dessaisir
Pour ne pas se ressaisir,
Enfin pas tout de suite
Pas maintenant
L'espace d'un instant
L'espace infini du firmament.

le mercredi 06 avril 2011

Paysage sans terre

Depuis que l'Homme est Homme,
Ses pas le portent d'une extrémité à l'autre de cette planète.
Depuis que l'Homme est Homme,
Ses yeux le portent à travers l'univers, portés par les comètes.

Depuis peu cependant, sa rage folle de vaincre,
Ses rêves de conquêtes, à l'arrière goût âcre,
L'ont conduit à prendre le ciel pour la terre
Et la terre pour un éternel réservoir de vivre

Se tarissent les rivières,
S'appauvrissent les mers,
Disparaissent les cieux,
S'épuisent les terres.

Nul cri pourtant devant cette mort annoncée,
Nul manifestant pour compter ces trépassés,
Nul protestant pour adjurer un système dépassé.

Quelques murmures,
Quelques rumeurs,
Quelques clameurs,

Rien pour sortir les uns, humbles, de cette sourde torpeur ;
Les autres, bien plus puissants, de cette fascinante horreur ;
Les derniers, plus nombreux encore, de leur folle terreur.

le mercredi 06 avril 2011

Je voudrais …

Je voudrais de la terre pour modeler ton corps
Et, les mains toutes mouillées,
Te façonner longuement.

Je voudrais des couleurs pour peindre ton visage
Et, le pinceau bien droit,
Te caresser doucement.

Je voudrais des mots pour dévoiler ton cœur
Et, les lèvres rougies,
Te raconter fièrement.

Je voudrais des chants pour faire vibrer ton âme
Et, la voix grave,
T'honorer passionnément.

Je voudrais du marbre pour t'immortaliser
Et, les muscles raidis,
Entendre ton premier cri, profondément.

le lundi 11 avril 2011

Sous la rivière de lune

Sous la rivière de lune,
As-tu vu l'éclat du diamant qui t'attend ?

Donne-moi ta main pour ramasser cette eau de pierre de lune.

Je la ferai couler le long de ta nuque
Et je verrai ta chair trembler et frémir de désir.
Je la ferai couler entre tes jambes
Et je verrai ta fleur s'épanouir aux cent jours.
Je la ferai couler sur ton visage
Et la verrai se faire opaline de clair de lune comme lorsque tu naquis.

Écoute la musique du ruissellement de rayons de lune
Ricochant au creux des rochers et des galets.

Serre-moi la main pour être sûre de m'emmener dans ton Royaume
Et de ne jamais m'oublier dans un recoin sombre de ton âme.

le mercredi 13 avril 2011

Vieillir

Il y a dans cette faiblesse extrême du corps
La naissance d'un doux désir de visiter ses torts.
Dans ce lent chavirement de l'esprit surmené
De souvenirs anciens, d'images abandonnées,

Dans cette offrande forcée de soi aux autres,
Dans cet étiolement de la volonté de l'apôtre,
Dans cet allongement impatient des dernières années,
Dans cet effritement des parfums du temps surannés,

Dans cette nuit qui sur les yeux tombe,
Dans l'intérieur de cet épais silence,
Et même, alentours, dans ces absences,
Il y a comme un avant-goût de tombe,

Une préparation finale au rendez-vous ultime
Qu'il soit point d'une transition
Ou bien entretien d'acceptation,
Il conduit sur les chemins évités de l'intime.

Comme un conte épique ou drôlatique qui aurait pour héros « moi non plus »
Il engage à une visitation de ses appétits d'avant,
Un réexamen un peu inquiet de sa geste d'antan,
Vaguement distanciés par un conteur, qui est encore soi mais qui déjà ne l'est plus.

Ultime chance offerte à l'homme de relire sa vie pour y découvrir les joies négligées,
Mais aussi pour dénouer tensions, reniements, batailles perdues qu'on relègue

Dans d'obscurs tiroirs de la mémoire, que le temps patient et la souffrance vermeille
Réussissent seuls à rouvrir dans la vigilance tronquée de cette torpeur de mi-sommeil,
Qui se fait plus menaçante lorsque la lune paraît avoir supplanté, horreur !, le soleil ;
Chacun guette alors dans l'obscurité les loups-garous, les criminels,... et ouvre l'œil

Pour tenter de garder la tête froide et ne pas se laisser emporter par cette folle vague
Et garder le cap sur la vie que l'on a aimée, que l'on aime et que l'on aimera même âgé.

le mercredi 13 avril 2011

Souffrance

Il y a–t-il un sens
A cette infâme souffrance
Qui férocement, sans pitié, tranche
Rend les yeux mats et les lèvres blanches
Et où la peau paraît recoller aux os
Jusqu'à ce qu'il gémisse ?

Il y a-t-il une utilité
A cette vieillesse d'éternité
Qui doucement s'applique à affaiblir
Et rend chaque geste douloureux à frémir
Jusqu'à l'épuisement de l'idée
D'avoir seulement été ?

Longtemps on voulut croire
Que c'était le purgatoire !
Mais l'enfer disparaissant
Ce n'est plus apaisant !

Alors on crut que la seule science
Aurait sa peau à la souffrance !
Mais les soins nourrirent la douleur.
Encore une belle erreur !

On ne crut plus en rien :
Aucun médicament
N'évitait la terrible torpeur
Ni l'insidieuse peur !

Mais par la grâce d'un sourire,
Par la beauté d'un geste tendre,
Par la sanctification tranquille de la réconciliation,
Par le temps retrouvé de la parole répétée,
Par la force donnée, par le désir de vérité,

Les mains qui doucement se touchent,
Et se caressent avec aussi la bouche,
Et le corps qui parle,
Et à qui l'on parle,

Les cheveux repeignés par cette main même asséchée,
L'orange épluchée pour humecter les lèvres desséchées :
La vigilance de l'instant qui rouvre à la patience de l'Amant.
La pertinence du vivant qui tourne vers l'impermanence du moment.
La transparence du désir qui ouvre à l'immanence du destin,…
Tout cela prépare à la grande joie de l'âme et du dernier festin.

le mercredi 13 avril 2011

En plein ciel

En plein ciel, j'ai cueilli pour toi cette fleur,
Gorgée d'espoirs et pleine du parfum de la terre.

Sur un lit chaud de lumière
Je l'ai posée tout à l'heure.

J'ai osé la prendre à pleines dents
Me sentant digne descendant d'Adam.

Puis, sur le lys de ton âme, j'ai reposé ma tête.
Dans ses pétales écarlates,
Sur ses pistils qui t'appâtent,
La passion de l'enfant adulte encore se répète.

J'ai cessé d'un coup de courir.
Pour respirer au bout du « vivre ! »

Cet amour résonne comme une renaissance.
La mort qui s'éloigne.
La vie que j'empoigne.
Au don d'Eve se répand la sève de l'espérance.

La terre ivre soudain prise de vertige,
Pousse vers l'azur ces fleurs étranges

Et répand leur parfum pour que tous enfin sachent
Cet hyménée des terres tantriques
Ramenée du pays d'Aubrac
Dans le secret d'un train tout entier à sa tâche.

Fleurs mi végétales,
A moitié astrales,

La rosée qui les fraîchit ne vient des nuages.
Le soleil qui les chauffe n'est pas de l'univers.
Ce sont nos corps qui répandent cette eau des mages.
C'est l'ardeur de nos âmes qui exhale cette chaleur.

J'ai cueilli cette fleur pour qu'elle parfume ta peau
Dans l'oasis fertile de nos corps apaisés
Dans l'énergie de nos âmes toutes éveillées
Qu'elle enveloppe, jour après jour, de son manteau.

Tandis qu'enlacés, enivrés d'éternité,
Nous contemplons l'horizon de perpétuité
D'un « encore », « encore », sans cesse répété.

le jeudi 14 avril 2011

Tout n'est pas juste.

Ce n'est pas juste jouer de mots comme on joue de malchance, par hasard, en laissant faire l'inconscient.
Ce n'est pas seulement se gratter le dos avec une sarbacane américaine, du Sud.
Ce n'est pas seulement pour toi lecteur que j'écris,
mais pas seulement, non plus, pour moi, auteur de mes jeux de mots.
C'est aussi pour dire,
Pour donner à voir,
Pour donner tout simplement !
Quoi ?
Qui sait ?
Un petit grain de moutarde,
Un petit grain d'inconscient,
Une petite graine d'espoir,
Comme on donnerait à boire
A l'homme assoiffé,
A l'homme desséché.
C'est aussi pour ça !
Redonner du souffle, en soufflant un peu,
Et pas que dans les bronches,
Mais aussi dans les tronches.
Pour remettre les idées en place
En chantant sur les places
En mangeant une glace.
Juste un peu,
Pour voir
Si ça change,
Juste un peu !

le jeudi 14 avril 2011

Train de vie...

Vite, vite, vite,
Change, change, change
Fais, défais, refais,
Surfait, surfé,
Passe, dépasse, repasse

Vite, vite, vite,
Change, change, change
Commence, recommence,
Démarrage, commérages,
Barrage, bon débarras,
Ce n'est pas l'âge qui compte
Quoi que
Pas que
Même si
Mais si
Finalement
Tout compte fait
Faut pas s'en faire
Faut laisser faire
Faire, faire, faire,
Faire et défaire,
Défaire et refaire,
L'action !
Y'a que ça qui compte !
Tout compte fait !
Y'a que ça de vrai !
L'action qui monte,
Ou qui descend,
Ce qui compte, c'est de rester dedans,
Dans l'action.
Tant qu'on est dedans,
C'est ça de moins qu'on a à penser.
Faut pas penser !
Faut pas songer !
C'est pas bon,
La réflexion !
Y'a que l'action
Qui compte
Les petits et les gros,
Je parle des sous,
Pas des pauvres gens,
Pour sûr,
Bien sûr,
C'est plus sûr.
Vite, vite, vite
Compter les sous
Ça vole,
Mais qui ?
S'envole,
Vers où ?

S'étiole
Grand Dieu
L'pauvre homme
C'est pas de sa faute
C'est pas du vol
C'est ça l'action :
Ça bouge
Le bouge
Et puis tout le reste aussi !
Mais c'est pas de sa faute,
Au responsable !
Il ne l'est pas !
Irresponsable,
Irrespectueux,
Irrespirable
Il n'est que responsable
Même pas directeur
Encore moins Président.
Que peut-il pondre ?
Que doit-il répondre ?
Vite, vite, vite,
Vis ta vie
Vole sa vie
Vile vie
Vol de vie
Fiole de vie percée,
Folle de vie transpercée.

le dimanche 17 avril 2011

2010

Les lignes se croisent et se décroisent au rythme du vent.
Celui du large ou celui des terres, celui d'ailleurs, toujours.
Le ciel est bleu, le ciel est jaune et simplement blanc aussi, autant.
Les autres couleurs d'arc en ciel, c'est seulement pour les grands jours.

Chemins de vie, rencontres heureuses, parfois moins, course du temps.
Cueillir chaque fleur pour en respirer le parfum le long du parcours.
Celui-ci enivrant, cet autre écœurant, tous nous parlent de cet avant ;
De notre désir, depuis l'enfant joyeux jusqu'à l'adulte, de bonheur.

Les lignes se ferment et s'ouvrent selon la terre et ses battements sourds.
Celui souple et doux des collines à vin, celui sinueux des ruisseaux de cours.
Confiant ses peines au verger, pour goûter de ses fruits futurs la saveur
Nourricière de la Merveille essentielle en chaque homme. Nouvelle ferveur
Qui creuse en nous, chaque année, plus profond ce dessein constant, faussement changeant,
Comme un cycle dodécaphonique s'amuse à s'apprendre un air de nouvel an.

Promesses faites à soi-même dans les klaxons de la minuit du jour d'avant
Rêves écarquillés, partagés au comptoir du bistrot, entre bières et vins blancs.
Juré, craché, éternelle salive qui sèche dans la bouche à l'ultime moment.
Pourtant, laissez passer , il n'y a rien à voir ce n'est qu'affaire de sentiments.

Les mains se croisent et se décroisent unies au rythme des chants.
Celui des marins ivres, des paysans durs et des ouvriers sourds.
La terre, ferment du pain quotidien que l'homme ne croit jamais suffisant, déjà manquant,
La mer, vide d'avoir trop donné la chair de son ventre encore lourd nourrissant des espoirs d'antan.

Et tout cela paraît ne faire que peines et chaos, larmes et errances.
Pourtant, avec le temps et le recul des ans, le fil rouge se délasse
Et dessine une belle ligne souple qui donne envie de regarder le ciel
En rêvant à ces projets d'Amour qui forment une éternité de miel.

La Voie Lactée au goût sucré et joliment parfumée par le Très Haut,
Nous met le pied en air de marche et de fête, bonbons et marshamallow
Il n'y a plus qu'à faire confiance, encore une fois, au cœur du nouvel An
Laissant derrière nous ce fatras de mémoire de tête pour se sentir aimant.

le dimanche 17 avril 2011

Printemps

Effervescence des hommes
Efflorescence des arbres
Le soleil transforme tout
Le pollen transporte tout
La joie
Les couleurs
La vie
Espérances renaissantes
Renaissances espérées.

le jeudi 21 avril 2011

Pour toi

Pour toi, j'ai inventé un monde sans douleur
Pour toi, j'ai mis sur le vaste gris, des couleurs.
De coups rageurs, j'ai barré la souterraine terreur,
Avec l'indigo, j'ai fait une nouvelle teneur,
Pour que dans ta main seule tienne, à toute heure,
Et notre Amour et la paix des guerriers, sans peur,
Sans esprit de revanche et cette immonde rancœur,
Qui rongent l'âme des Hommes et détruisent leur cœur
Plus sûrement que les dents des pièges des trappeurs,
Ou le venin sec des faux farceurs, vrais tueurs.

Pour toi, j'ai confondu la terre, le ciel, la mer.
Pour toi, d'un trait, j'ai réuni les mondes amers,
Pour que notre Amour et le sein si rond des mères
Rendent aux hommes leur humanité perdue de père,
Et que les enfants retrouvent leur joie si chère,
Dans un seul élan de farandole, de chante clair,
Qui replace chacun dans la vraie vie de la chair
Festive qui donne à la lumière l'éclat de l'éclair,
Jaillissement de la communion du même sang d'un frère
Et d'une sœur trop longtemps séparés par d'hostiles terres.

Pour toi, j'ai inventé un monde de rêves, juste pour te ravir.
Pour toi, d'un seul geste, j'ai dessiné la face hilare du rire
Juste pour apprendre à faire face aux drames sans fléchir
Pour que jamais les larmes ne ruinent tes traits, même le pire
Même l'immense chagrin, l'extrême douleur ou l'impuissant désir
Ne puissent t'exiler sur les îles solitaires, t'engloutir
Et te perdre toute entière dans la terrible envie de trahir
Ou encore, dans le silence gelé, décider de partir
Laissant ton amant, jusque dans les noirs absolus, te maudire
Ou se laisser aller par amour, sans mot dire, à mourir.

le jeudi 21 avril 2011